BEI GRIN MACHT SICH IHR WISSEN BEZAHLT

- Wir veröffentlichen Ihre Hausarbeit,
  Bachelor- und Masterarbeit

- Ihr eigenes eBook und Buch -
  weltweit in allen wichtigen Shops

- Verdienen Sie an jedem Verkauf

Jetzt bei www.GRIN.com hochladen und kostenlos publizieren

Martin Reiher

Versagen zum Selbstzweck? Rezension zu Wolfgang Seibels: "Funktionaler Dilettantismus im Dritten Sektor"

GRIN Verlag

Bibliografische Information der Deutschen Nationalbibliothek:

Die Deutsche Bibliothek verzeichnet diese Publikation in der Deutschen National-
bibliografie; detaillierte bibliografische Daten sind im Internet über http://dnb.d-
nb.de/ abrufbar.

Dieses Werk sowie alle darin enthaltenen einzelnen Beiträge und Abbildungen
sind urheberrechtlich geschützt. Jede Verwertung, die nicht ausdrücklich vom
Urheberrechtsschutz zugelassen ist, bedarf der vorherigen Zustimmung des Verla-
ges. Das gilt insbesondere für Vervielfältigungen, Bearbeitungen, Übersetzungen,
Mikroverfilmungen, Auswertungen durch Datenbanken und für die Einspeicherung
und Verarbeitung in elektronische Systeme. Alle Rechte, auch die des auszugsweisen
Nachdrucks, der fotomechanischen Wiedergabe (einschließlich Mikrokopie) sowie
der Auswertung durch Datenbanken oder ähnliche Einrichtungen, vorbehalten.

Impressum:

Copyright © 2006 GRIN Verlag GmbH
Druck und Bindung: Books on Demand GmbH, Norderstedt Germany
ISBN: 978-3-638-90288-5

Dieses Buch bei GRIN:

http://www.grin.com/de/e-book/60725/versagen-zum-selbstzweck-rezension-zu-
wolfgang-seibels-funktionaler

GRIN - Your knowledge has value

Der GRIN Verlag publiziert seit 1998 wissenschaftliche Arbeiten von Studenten, Hochschullehrern und anderen Akademikern als eBook und gedrucktes Buch. Die Verlagswebsite www.grin.com ist die ideale Plattform zur Veröffentlichung von Hausarbeiten, Abschlussarbeiten, wissenschaftlichen Aufsätzen, Dissertationen und Fachbüchern.

Besuchen Sie uns im Internet:

http://www.grin.com/

http://www.facebook.com/grincom

http://www.twitter.com/grin_com

Universität Potsdam

Wirtschafts- und Sozialwissenschaftliche Fakultät

Professur für Organisations- und Verwaltungssoziologie

Versagen zum Selbstzweck?

Rezension zu Wolfgang Seibels Arbeit
„Funktionaler Dilettantismus im Dritten Sektor"

Hausarbeit zur Vorlesung
„Einführung in die Organisations- und
Verwaltungssoziologie"
im Wintersemester 05/06

Inhaltsverzeichnis

1. Einleitung

Wolfgang Seibel untersucht in seiner 1988 unter dem Titel „Der funktionale Dilettantismus. Zur politischen Soziologie von Steuerungs- und Kotrollversagen im ‚Dritten Sektor' zwischen Markt und Staat" erschienenen Habilitationsschrift; deren 2. Auflage 1994 unter dem abgewandelten Titel „Funktionaler Dilettantismus: Erfolgreich scheiternde Organisationen im ‚Dritten Sektor' zwischen Markt und Staat" in der Nomos Verlagsgesellschaft erschienen ist und dieser Betrachtung als Grundlage dienen soll; das notorische Scheitern von Organisationen, die weder klassisch dem Markt, noch dem Staat zuzuordnen sind.

Dabei ist dem Autor nicht daran gelegen, allein das Versagen jener Organisationen des Dritten Sektors zu untersuchen, vielmehr will *Seibel* den Titel seines Werkes belegen, dass gerade das Versagen der Organisationen zum eigentlichen Erfolg beiträgt, „daß ihr Erfolg darin liegt, daß sie notorisch scheitern"[1] – mithin der Dilettantismus also funktional ist.

Seibel nähert sich dem Phänomen jener Organisationsform, die mit ihrer partiellen Entmodernisierung und der dadurch geminderten Zweck- und Normrationalität die Organisationskultur moderner Gesellschaft entlastet, in dem er zunächst die verschiedenen Definitionen vom ‚Dritten Sektor' aufgreift, seine formalen Steuerungs- und Kontrollformen in den Subtypen Dritter-Sektor-Organisationen und den in ihnen liegenden Risiken beschreibt.

Jedem der Subtypen (Anstalten/Körperschaften öffentlichen Rechts, Vereine/ Verbände und öffentliche Unternehmen) ordnet er Fallbeispiele zu, deren spezifische Versagensgeschichte zur Illustration der theoretischen Ansätze dient.

So werden die unterschiedlichen Formen von interner bzw. externer Steuerung und Kontrolle in den drei Zeitebenen ex-ante, begleitend und ex-post für jedes der Fallbeispiele durchdekliniert, um so die spezifischen Formen des Steuerungs- und Kontrollversagen anschaulich zu machen.

Weiterhin geht *Seibel* die unterschiedlichen Formen der Relativierung von Zweck- und Normrationalität durch, in dem er wiederum am konkreten Beispiel verdeutlichend Erscheinungen interorganisatorischer, intraorganisatorischer, interpersonaler und intrapersonaler Koordination abarbeitet.

Abschließend führt *Seibel* noch soziologische Beispiele der Makro- und Mikro-Perspektive auf, die das Verhalten der Organisationsmitglieder des Dritten Sektors nachvollziehbar machen und die Schlussfolgerung beinhalten, dass eine effizient und nach den Kriterien der Zweckrationalität arbeitende Organisation im Dritten Sektor ihre Mitglieder verstören würde, sie daher im Sinne ihrer Mitglieder nur überleben kann, wenn sie permanent scheitert.

---

[1] *Seibel, 1994, S. 17*

2. Ansätze der Untersuchung

> „Die Botschaft der vorliegenden Untersuchung
> ist, daß Dritte-Sektor-Organisationen ihrer
> eigentlichen Bestimmung durch
> unbürokratisches Mißmanagement
> nachkommen."[2]
>
> *Wolfgang Seibel*

Zu der zentralen Forschungsannahme *Seibels*, dass Dritte-Sektor-Organisationen nicht trotz, sondern wegen ihres Versagens überleben reihen sich Perspektiven und Ergänzungen dieser Ansicht: So unterstellt *Seibel*, dass die Aufhebung zweck- und normrationaler Organisationsstrukturen im Dritten Sektor institutionelle Nischen ermöglicht, die eine ansonsten überforderte moderne Organisationskultur entlasten kann. Der Dritte Sektor kann also zur Kompensation von Widersprüchen innerhalb der Gesellschaft dienen und Markt- und/oder Marktversagen ausgleichen. Für die Betrachtung dieser institutionellen Alternative zum Markt/Staat nimmt *Seibel* zur Grundlage, dass eine dritte Form der Organisation zwangsläufig über ein individuelles Organisationsverhalten verfügen muss. Jenes Verhalten ist für ihn gekennzeichnet durch die nur partielle Modernisierung, die den Dritten Sektor zum Stabilisierungsfaktor der Entmodernisierung macht. Aus ihr lässt sich ableiten, dass der Dritte Sektor nur beschränkt über die Kontrollformen des Marktes bzw. Staates verfügt, es daher ein „höheres Risiko der Ineffizienz"[3] zu vermuten gibt. Diese Ineffizienz allerdings ist wesentlicher Beitrag zur Stabilisierung der Dritten-Sektor-Organisation, da das dauerhafte Abschwächen von Zweck- und Normrationalität zur Lösung von Problemen beiträgt, die durch normal nach zweck- und normrationaler Handlungsorientierung, Lernfähigkeit und Responsivität arbeitenden Organisationen des Marktes bzw. Staates nicht erfüllt werden können. Weiterhin kommt es bedingt durch das Steuerungs- und Kontrollversagen kaum zu Verhaltensänderung hinsichtlich der festgestellten Versagensmerkmale. Der Dritte Sektor kann also als „nur bedingt lernfähig [...] und ‚responsiv'"[4] beschrieben werden, da er z.B. auf Kritik aus der Öffentlichkeit mit Ignoranz reagiert.

Zur Veranschaulichung seiner Thesen und der verwendeten theoretischen Ansätze nutzt *Seibel* vier konkrete Fälle, die über den Weg der heuristischen Fallstudie betrachtet werden.

---

[2] *ebd., S. 301*
[3] *ebd., S. 15*
[4] *ebd., S.16*

Er generiert seine These also nicht aus den Fallbeispielen selbst, sondern nimmt vielmehr seine Grundannahme über den Weg der ‚deduktiven Herangehensweise'[5] (*Karl Popper*) als Arbeitshypothese; als „vorläufige Annahme zum Zweck des besseren Verständnisses eines Sachverhalts"[6].

3. Zum Werk selbst

3.1. Theoretische Vorbetrachtungen

3.1.1 Definitionen zum Dritten Sektor

Bei dem Versuch den Dritten Sektor als Organisationsform zu definieren und dazu den aktuellen Forschungsstand einzubeziehen stößt *Seibel* schnell auf das Problem, dass sich der Dritte Sektor nicht positiv klassifizieren lässt, da er über keinen vorherrschenden institutionellen Typus oder eine einheitliche Rechtsform verfügt; auch fehlen vereinheitlichbare Steuerungsmechanismen, die sich spezifisch am Dritten Sektor nachweisen ließen. So bleibt nur, diesen Organisationensektor über den Ausschluss zu definieren, dass er nicht zum öffentlichen Sektor zu rechnen und auch nicht als erwerbswirtschaftliches Unternehmen zu betrachten ist.

Grundsätzlich unterscheiden sich Organisationen des Dritten Sektors in gewachsene Institutionen, die als Alternative zur bestehenden öffentlichen Verwaltung ursprünglich als Assoziation entstanden sind und historisch als Organisationsform der bürgerlichen Emanzipation bzw. als Mechanismus der sozialen Eingliederung in die neue bürgerliche Gesellschaftsordnung dienten und gewollte Institutionen, die als Korporationen vom Staat ausgegliedert wurden, um periphere öffentliche Aufgaben wahrzunehmen.

Dabei unterscheiden sich gewollte und gewachsene Institutionen nochmals nach ihrer Rechtsform: Im Bereich der gewollten Institutionen finden sich klassisch so genannte ‚Quangos', verselbstständigte Verwaltungsträger, die i.d.R. die Rechtsform Anstalt öffentlichen Rechts besitzen aber auch Körperschaften und teilweise Stiftungen des öffentlichen Rechts im Kulturbereich; hinzu kommen in letzter Zeit vermehrt öffentliche Unternehmen. Im Bereich der gewachsenen Institutionen und damit im Dritten Sektor überhaupt dominiert nach *Seibel* die freiwillige Vereinigung in Form von eingetragenen Vereinen und Verbänden, also mitgliedschaftlich orientierte Organisationsformen.

Die Gründungsmotivation vor allem für gewollte Institutionen weist Seibel über Arbeiten

---

[5] *vgl. Vorlesung HD Dr. Krämer: „Politische Herrschaft im Vergleich" – Karl Popper: "Die Erkenntnis beginnt nicht mit Wahrnehmungen oder Beobachtungen oder Sammeln von Daten und Tatsachen, sondern sie beginnt mit Problemen."*
[6] *Duden, 2005, S.404*

einer Vielzahl englischer und auch deutscher Kollegen nach, so könne man z.b. nach *Pifer* in Quangos Expertenwissen unabhängig von der öffentlichen Besoldung einkaufen (wie es z.b. bei der Deutschen Flugsicherung DFS passiert) und Regierungszwecke verfolgen, die Risiken der Legitimation beinhalten könnten.

Seibel fasst die internationalen Arbeiten und ihre Perspektiven zum Dritten Sektor in den Aussagen zusammen, dass in Deutschland die Legitimität und damit die Betonung der juristischen Perspektive im Vordergrund stehe, während man sich in Groß Britannien auf die Bedeutung des Dritten Sektors für die Leistungsfähigkeit des Staates und in den USA für die des Marktes konzentriere.

3.1.2 Steuerung und Kontrolle im Dritten Sektor und ihre Risiken

Als Steuerung definiert *Seibel* die vorherige Festlegung von Normen, die der Zweckerreichung dienlich sein sollen, Kontrolle hingegen umschreibt er als jene Möglichkeit, Maßnahmen zur Zweckerfüllung zu überwachen. Als externe Steuerungs- und Kontrollakteure agieren dabei z.B. parlamentarische Kontrollgremien, Gerichte oder auch Rechnungshöfe. Die interne Steuerung und Kontrolle wird von Mitgliedern bzw. Angehörigen der Organisation oder aber von ganzen Teilorganisationen (in letzter Zeit etwa vermehrt Controlling-Abteilungen) wahrgenommen.

In der Anstalt öffentlichen Rechts, die *Seibel* als staatsnächste Organisationsform im Dritten Sektor definiert, wird über Nutzerinteressen großer Einfluss auf Steuerung und Kontrolle genommen. So kann z.B. in stark hierarchisch gegliederten Organisationen, die der Staatsaufsicht unterstehen, über die beratende Funktion etwa von Schüler- und Elternbeiräten Einfluss auf die interne Steuerung genommen werden.

Als externe Kontrolle beziffert *Seibel* u.a. staatliche Aufsichtsbehörden, wobei das Verhältnis zur jeweiligen tragenden Gebietskörperschaft, am Beispiel der Schule etwa der Landkreis oder die Gemeinde, ausschlaggebend ist. Ebenso wie in der mitgliedschaftlich organisierten Körperschaft öffentlichen Rechts gibt es also eine direkte staatliche Kontrolle, die i.d.R. durch fachzuständige Ober- oder Mittelbehörden ausgeübt wird.

Als Steuerungs- und Kontrollrisiko ist bei den Quangos vor allem die Gefahr der verselbstständigenden Entziehung von staatlicher Aufsicht und die Ausübung von ,Private Governance' zu benennen.

Für den eingetragen Verein beschränkt sich nach *Seibel* die externe Steuerung und Kontrolle auf den Gründungsakt des Vereines und eventuelle Zuwendungsbewilligung, als Mittel der internen Kontrolle findet sich im Verein der Vorstand und die Mitgliederversammlung. Da Vereine oft durch ihr Personal und bei den gemeinnützigen

Vereinen auch durch ihre Dienstleistungsfunktion im lokalpolitischen Machtnetzwerk verankert sind, ergibt sich als Steuerungs- und Kontrollrisiko die Rollenverquickung von Vereinsvorständen und Lokalpolitikern.

Öffentliche Unternehmen mit den Rechtsformen GmbH oder AG verfügen je nach Größe als interne Steuerungs- und Kontrollformen über Beschluss- und Leitungsorgane, die sich als Geschäftsführung, Vorstand, Gesellschafterversammlung, Aufsichtsrat bzw. Hauptversammlung konstituieren. Als Mittel der externen Kontrolle finden sich zum Beispiel bei staatlicher Mehrheitsbeteiligung der Rechnungshof oder Wirtschaftsprüfungsgesellschaften. Wesentliche Ausprägung der externen Kontrolle ist jedoch die Besetzung der Aufsichtsgremien durch die Mutterkörperschaft.

Zu den Steuerungs- und Kontrollrisiken gehören hier u.a. personelle Verselbstständigung gegenüber der Mutterkörperschaft und den parlamentarischen Kontrollgremien. Auch ist es fraglich, ob die politisch besetzten Posteninhaber in den Aufsichtsgremien ausreichend qualifiziert sind, um eine wirksame Kontrollfunktion auszuüben, zumal *Seibel* darauf verweist, dass es durch die politische Anbindung der öffentlichen Unternehmen zu einer Pseudo-Politisierung und politischen Stellvertreterkonflikten kommen kann, die sich ebenfalls negativ auf die betriebswirtschaftliche Effizienz auswirken.

3.2 Vier Fallbeispiele zur Illustration des Steuerungs- und Kontrollversagens

Der Autor nimmt die Fallstudien zur Unterstreichung seiner These, dass Dritte-Sektor-Organisationen erfolgreich scheiternde Organisationen sind, die nicht trotz, sondern wegen ihres von der Organisationsstruktur verursachten Steuerungs- und Kontrollversagens überleben. Ihr permanentes Scheitern führt laut *Seibel* zum eigentlichen Nutzen der Organisation. Die gewählten Beispiele sollen dabei einerseits die Fülle von Organisationstypen im Dritten Sektor und andererseits die wichtigsten Ebenen des Versagens repräsentieren.

3.2.1 Der Wohlfahrtsverband am Beispiel der Arbeiterwohlfahrt (AWO)

Die AWO dient *Seibel* als klassischer Vertreter für einen ehrenamtlichen Mitgliederverband, der erst mit der Zeit in eine professionelle Dienstleistungsfunktion hineingewachsen ist. So wurde die AWO 1919 mit dem ursprünglichen Zweck gegründet, Einfluss auf die staatliche und kommunale Sozialpolitik zu nehmen, erst in den 70er Jahren kamen professionell geführte Heime in verstärktem Maße zum Aufgabenbereich der AWO und zu den ehrenamtlichen Mitarbeitern und Funktionsträger gesellte sich eine stark wachsende Zahl von hauptamtlichen Mitarbeitern. Gerade in dem Gegensatz aus ehrenamtlichen Funktionsträgern, die durch die politische Orientierung der AWO an die SPD oftmals gleichzeitig parteipolitische Funktionsträger sind zu den hauptamtlichen professionellen Mitarbeitern ergeben sich Strukturprobleme für diesen „Freien Träger der Wohlfahrtspflege"[7]. Durch das Missverhältnis von wachsenden Aufgaben zu sinkenden öffentlichen Zuschüssen wurden vor allem die Probleme der betriebswirtschaftlichen Führung offenbart: So wird das unzureichende Rechnungs- und Prüfungswesen durch geringe Professionalität der Funktionsträger verursacht, die oftmals eher eine politische als eine fachliche Qualifikation aufweisen. Auch wirkt sich auf das Verbandsverständnis negativ aus, dass zwar für die organisatorische Identität ehrenamtliche Arbeit nötig ist, die neu erwachsene Dienstleistungsaufgabe aber wegen der überalterten Mitgliederstruktur der AWO zunehmend von hauptamtlichen Mitarbeitern erfüllt wird, die sich nur wenig oder gar nicht mit der politischen Tradition der AWO identifizieren können.

Seibel benennt als wesentliches Steuerungs- und Kontrollrisiko die herausgehobene Stellung des Geschäftsführers, der durch seine dominante Position die formellen Steuerungs- und Kontrollstrukturen verschiebt und eine Differenzierung zwischen Kontrolliertem und Kontrollierenden u.a. deswegen aufzuheben vermag, weil die ehrenamtlichen Kontrollorgane Vorstand und Revisor ihm zwangsläufig fachlich unterlegen sein müssen. Eine wesentliche Rolle spielt in diesem Zusammenhang laut *Seibel* auch die politische Verflechtung mit der SPD, da die Geschäftsführer teilweise politischen Ambitionen nachhängen oder etwa lokalpolitische SPD-Mandatsträger Kritik an Missmanagement und Organisationsversagen unterdrücken und für politische Rückendeckung im Krisenfall sorgen, so dass diese „Verflechtung vor allem in sozialdemokratisch dominierten Kommunen und Regionen vielerorts zu dem landläufig so bezeichneten Phänomen des ‚Filz' zusammengewachsen"[8] ist.

Interessant ist die weiterführende Behauptung *Seibels*, dass es nicht nur zu einer politischen Protektion der SPD kommt, sondern dass ergänzend dazu der politische Gegner Zurückhaltung übt, um sich das Wohlwollen für eigene Verfehlungen zu sichern.

3.2.2 Autonome Frauenhäuser als selbst behindernde Ideologieträger

Am Beispiel der Autonomen Frauenhäuser schildert *Seibel*, wie sich in ihrer Ideologie verhaftete Organisationen des Dritten Sektors dauerhaft selbst schädigen. Frauenhäuser lehnen aus ihrer ideellen Grundlage heraus jede Form von Hierarchie und rational orientierten Organisationsprinzipien ab. Um allerdings den Status der Gemeinnützigkeit und damit staatliche Mittelzuwendung zu erreichen, bedürfen sie der Rechtsform e.V., der

---

[7] *Seibel,1994, S. 101, Zitat nach Seibel, siehe dort Fußnote 29*
[8] *ebd., S.103*

über Hierarchieformen wie Vereinsvorstand u.ä. verfügt, so dass sich schon in der Organisationsform ein Widerspruch zur Ideologie findet.

Zu der Ablehnung jeglicher Form von zweck- und normrationaler Organisationssteuerung kommt oftmals die Ablehnung staatliche Auflagen zu erfüllen, die zur Zuwendungsbewilligung nötig sind, da dies als Eingriff in den ideologisch verankerten Autonomieanspruch verstanden wird. Diese Ideologielastigkeit führt die Autonomen Frauenhäuser immer wieder an die Grenzen der organisatorischen Selbstbehauptung, so dass man wie *Seibel* zu Recht von einer ideologischen Selbstblockade sprechen kann.

Diese führt einerseits zu einer Frustrationsspirale bei den Mitarbeiterinnen; ausgelöst durch als Niederlage empfundene Professionalisierung und Institutionalisierung, die zu Frustration und dadurch zu Fluktuation führt, was die Frustration verstärkt usw. Andererseits zu einer Kontrollspirale, ausgelöst durch die Ablehnung von hierarchischen Organisationsformen in der Außenkommunikation, die zu stärkerer Bindung an Behörden und verstärkte Kontrolle führt, was wiederum die Ablehnung und in der Folge die Kontrolle stärkt.

Wie bei der AWO führt also die Dominanz der Wertorientierungen über das Organisationshandeln zu einem Versagen, das auch die Autonomen Frauenhäuser zu einer Organisation des Dritten Sektors zählen lässt.

3.2.3 Symbolische Politik bei der Krankenhaus-Finanzierungsreform

Als drittes Beispiel wählt der Autor einen Gegensatz zu den anderen geschlossenen Organisationen: Beim Versagen der Neuordnung des komplizierten Krankenhauswesens und seiner Finanzierung gibt es eine Vielzahl von beteiligten Akteuren mit jeweils eigenen Handlungsmotiven.

So war dem Bund daran gelegen, sich der politischen und finanziellen Last der Krankenhausfinanzierung zu entledigen und diese Kosten auf Krankenkassen und Krankenhausträger abzuwälzen; die Bundesländer wollten möglichst alle Entscheidungs- und Planungshoheit auf sich übertragen, ohne über den planerischen und politischen Horizont dafür zu verfügen; die Krankenkassen wollten verständlicherweise ihren Kostenbeitrag in Form von Pflegesätzen senken und den Krankenhäuser konnte eine Veränderung des status quo nicht recht sein, da sie bisher alle Kosten komplett finanziert bekamen, ohne sich für die Kostenverwendung und –entwicklung verantworten zu müssen.

Letztlich führten mehrere Gesetze und Verordnungen nur theoretisch zu dem Ziel, die Selbstverwaltung zu stärken, Kosten senkend zu arbeiten und ganzheitlich im Gesundheitssektor zu planen.

Für *Seibel* dient dies als Beispiel, um die Verantwortungsverzerrung durch die Vielzahl der Akteure zu illustrieren und aufzuzeigen, wie durch nur symbolische Politik das Versagen nicht aufgehalten sondern verstärkt weitergeführt wird.

3.2.4 Rollenverquickung als Versagensursache, das Beispiel Hamburger Stadtentwicklungsgesellschaft (HStG)

Als Beispiel für ein öffentliches Unternehmen als Organisation des Dritten Sektors wählt der Autor die HStG, eine Tochtergesellschaft der zur Stadt Hamburg gehörenden Hamburger Gesellschaft für Beteiligungsverwaltung mbH.

Diese Stadtentwicklungsgesellschaft wurde speziell für ein Bauprojekt im Ausland gegründet – der Beteiligung am Bau von Militärwohnungen im Iran 1976 – wobei schon im Gründungsakt die externe Kontrolle durch das Parlament dahingehend unterlaufen wurde, dass der Gesellschaftszweck zwar gewinnorientierte Baumaßnahmen vorsah, nicht aber im Ausland.

Wesentliche Faktoren für das Zustandekommen des von *Seibel* ‚Persien-Engagement' genannten Geschäfts waren das durch den Bausenator repräsentierte Interesse an der Förderung der kränkelnden Hamburger Bauwirtschaft und das durch den Finanzsenator vertretene Interesse öffentliche Unternehmen an gewinnbringenden Geschäften zu beteiligen und die Hamburgische Landesbank von Geschäftsrisiken zu entlasten, die durch die drohende Insolvenz eines der beteiligten privaten Bauunternehmen entstanden war.

Durch ein komplexes System von Bauverträgen und gegenseitigen Absicherungen war es den eigentlich privaten Projekt-Initiatoren gelungen, die komplette bankmäßige Geschäftssicherung auf die HStG abzuwälzen. Zu diesem bereits im Vertragsgeflecht angelegten Risiko gesellten sich noch mehrere Faktoren, die das Projekt weiter belasteten: So waren die meisten beteiligten Firmen nicht auf die Größe eines Auslandsgeschäftes vorbereitet, es fehlte eine vereinende Koordinationsstelle für alle Bautätigkeiten ebenso wie wirksame Aufsicht und Kontrolle und schließlich führte die Verschachtelung der Beteiligungsstruktur der engagierten öffentlichen Unternehmen zu einer Verantwortungsverzerrung.

Weiterhin gesellte sich zu der politischen Forcierung des Geschäfts, die zu einem allgemeinen „wechselseitige[n] Verantwortungsvertrauen"[9] zwischen den eigentlich zuständigen Kontrollbehörden führte; dass der Geschäftsführer der HStG hauptberuflich Mitarbeiter der Hamburger Finanzbehörde war, sich also Leitung und Kontrolle der Firma in einer Person vereinigten.

---

[9] *ebd., S.172*

Letztlich führte zwar das sich andeutende geschäftliche Fiasko noch zu einer konsequenten Form des Krisenmanagements, in dem man Teile der öffentlichen Unternehmen umstrukturierte – der Verlust für die Stadt Hamburg betrug dennoch nach Vertragsauflösung und Projektbeendigung 1979 237,3 Mio. DM.

3.3 Steuerungs- und Kontrollversagen an den Fallbeispielen – verkürzt auf die HStG

Nachdem *Seibel* die Problematik der einzelnen Fälle und ihre Versagensgeschichte dargelegt hat nutzt er die theoretisch vorbereitende Darstellung der Steuerungs- und Kontrollrisiken, um sie am konkreten Versagen der beteiligten Akteure in den Fallbeispielen zu illustriert.

Verkürzend wiedergegeben sei hier, dass er das Versagen der externen Steuerung in die vier Bereiche Versagen durch Rechtsetzung, Parlamentsentscheide, öffentliche Zuwendungsgeber und Genehmigungsbehörden unterteilt; wobei sich nicht jeder der Teilbereiche auf alle vier Fälle anwenden lässt. Für das letzte Beispiel HStG lässt sich z.B. Versagen durch Parlamentsentscheid ableiten, da das Hamburger Parlament ein Agieren der HStG außerhalb des Geschäftszweckes zuließ und somit sein Steuerungsversagen manifestierte.

Das Versagen externer begleitender Kontrolle gliedert der Autor ebenfalls in vier Bereiche: das Versagen durch das Parlament, die Behördenaufsicht, die Gemeinnützigkeitskontrolle der Finanzbehörde und die Öffentlichkeit. Am Beispiel HStG hieße das, dass das Parlament jegliche Aufklärungsforderung während des Projekts unterließ und eine Behördenaufsicht erst einsetzte, als sich ein finanzieller Schaden für Hamburg abzeichnete.

Nach *Seibel* beteiligen sich beim Versagen nachträglicher externer Kontrolle drei Akteure: Parlamente, Rechnungshöfe und nicht-staatliche Leistungsträger. Durch die AWO idealtypisch repräsentiert findet sich bei der nachträglichen Parlamentskontrolle das Paradoxon, dass SPD und CDU einander bei der Mittelverschwendung gegenseitig schonen, um für eigene Verfehlungen keine Aufklärung zu provozieren – die eigentliche parlamentarische Kontrolle kann also i.d.R. nur durch die kleinen Oppositionsparteien ausgeübt werden, wie es auch auf das Hamburger Fallbeispiel zutrifft.

Das Versagen interner Steuerung führt *Seibel* einerseits auf die Beschlussorgane; im Fall der Hamburger Stadtentwicklungsgesellschaft also die Überlagerung betriebswirtschaftlichen Denkens durch politische Antriebskraft und damit Schwächung der Steuerungskompetenz; und andererseits auf das Management zurück. Bei der HStG führte laut *Seibel* die Rollenvermischung von unternehmerischer Leitung und Aufsichtsbehörde zu einem Abschwächen der Managementfunktion.

Beim Versagen interner begleitender Kontrolle kommt es durch die Beschlussorgane zu drei Reaktionen: Entweder das Steuerungsversagen führt zu Lerneffekten, die die Kontrolle effektiver werden lassen; oder die Fehler bei der Steuerung werden im Kontrollprozess wiederholt. Als negativsten Fall benennt *Seibel*, dass teilweise sogar die effiziente Form der Steuerung durch Kontrollversagen reduziert werden kann. Bei der HStG führte die begleitende Kontrolle sowohl der Beschlussorgane als auch durch das Management zu einem Krisenmanagement, das allerdings zu spät einsetzte.

Als Versagen nachträglicher interner Kontrolle nennt *Seibel* nur das Versagen der Revision, was bei der HStG allerdings nicht zutreffend ist.

Zusammenfassend stellt der Autor fest, dass als Personenverband angelegt Organisationen Steuerung- und Kontrollrisiken begünstigen, die oftmals durch Überlagerungen von politischem Interesse bzw. Organisationsideologie über Zweckmäßigkeitserwägungen erzeugt werden. So findet bei der HStG ein Abdriften von der öffentlichen Zweckbindung statt, das durch die Einbindung in ein Beziehungsgeflecht unterschiedlicher Handlungsorientierungen begünstigt wurde. Gerade das massive politische Interesse an der Geschäftsanbahnung führte im Verbund mit der Rollenverquickung des Geschäftsführers zu einem Mangel der unternehmerischen Selbststeuerung und letztlich zum Aussetzten mehrerer Steuerungs- und Kontrollfunktionen.

Es gibt also ein Zusammenwirken der internen und externen Versagensmomente, die zum permanenten Scheitern von Organisationen des Dritten Sektors beitragen. In drei Fällen (AWO, Frauenhäuser, Krankenhaus-Finanzierungsreform) hat sich zudem gezeigt, dass diese Organisationen „überlebensfähiger, je lernunfähiger"[10] waren.

3.4 Koordinationsebenen und Stabilisierung von Steuerungs- und Kontrollversagen – verkürzt auf die HStG

Nach dem sich *Seibel* mit den Ebenen und Formen des Steuerungs- und Kontrollversagens auseinandergesetzt hat und dieses an den Fallbeispielen nachwies, geht er im 5. Kapitel auf die Relativierung der Zweck- und Normrationalität ein.

Dabei führt er an, dass moderne Gesellschaften über ein Codesystem gesteuert werden, dessen Normen als Ideal gelten und deshalb nur bedingt erfüllt werden können. Nach *Seibel* verfügt dieses Codesystem über Möglichkeiten der eigenen Suspendierung in

---

[10] *ebd., S. 204*

Teilbereichen: „Die Lernfähigkeit eines gesellschaftlichen Makrosystems kann sich gerade in der Herabsetzung der Lernfähigkeit von Teilsystemen erweisen."[11]

Diese partielle Lernunfähigkeit nimmt er als Erklärung für Entmodernisierungserscheinungen am Rande der Gesellschaft, verkörpert in Organisationen des Dritten Sektors, die für ihn Repräsentanten der „Relativierung von Norm- und Zweckrationalität"[12] sind. Dabei ist für *Seibel* die Ideologie in den Organisationen wesentliche Antriebskraft für die Herabsetzung von Lernfähigkeit, vor allem, wenn Lernen unerwünscht ist oder zu keiner Verbesserung führt.

Als Relativierung auf der interorganisatorischen Ebene der Koordination benennt *Seibel* die Mechanismen des ‚loose coupling', die für ihn charakteristisch für Organisationen des Dritten Sektors sind. Dabei lösen sich verselbstständigte Einheiten der Organisation voneinander und haben nur noch eine lose Bindung an den eigentlichen Sachwalter des öffentlichen Interesses. Als ‚Bargaining' bezeichnet er das Verhandeln um Machtanteile, wobei das Qualitätsniveau der eigentlich sachlichen Problemlösung durch den politischen Handel um die Macht gesenkt wird.

Zu den Mechanismen intraorganisatorischer Koordination zählt *Seibel* einerseits die drei Organisationstypen nach *Ouchi*, andererseits das Phänomen der ‚x-Ineffizienz' nach *Leihenstein*. Diese Ineffizienz wird ausgelöst und stabilisiert durch Mitarbeiter, die nicht abschätzen können, in wieweit sich Mehrarbeit für sie lohnt; bzw. Vorgesetze, die nicht abschätzen können, ob verstärkter Leistungsdruck sich positiv oder negativ auswirkt. Gerade die Trägheit wettbewerbsabgeneigter Organisationen des Dritten Sektors schafft nach *Leihenstein* Nischen, in denen ‚x-Ineffizienz' überleben kann.

Die Relativierung der Zweck- und Normrationalität in der interpersonalen Koordination führt *Seibel* auf die Wirkweisen der ‚Solidarität', der ‚Clans', die ‚tauschförmigen Machtbeziehungen' und die ‚low-level-corruption' zurück. Solidarität bezeichnet *Durkheim* als den Gruppenzusammenhalt durch fest gefügtes Rollenverständnis und ideologische Einheit. Clans sind Gruppen, die nach *Ouchi* die unausgesprochenen Verhaltenserwartungen repräsentieren und kontrollieren.

Die tauschförmige Machtbeziehung bezeichnet die Form der wechselseitigen Nutzenrealisierung und das Zusammengehörigkeitsgefühl, das durch die Angst vorm Verlust von Machtanteilen entsteht. Vorm allem im Bereich der Lokalpolitik findet sich dieses Merkmal und erzeugt dort eine wechselseitige Abhängigkeit auch über parteipolitische Grenzen hinweg. Die low-level-corruption nach *Smelner* schließlich bezeichnet den Austausch von Leistungen, die in der Öffentlichkeit als anrüchig

---

[11] *ebd., S. 214*
[12] *ebd., S. 217*

wahrgenommen würden, die Leistung besteht dabei im Wesentlichen aus dem Schweigen über unmoralische Vorkommnisse.

Bei der Relativierung in der intrapersonalen Beziehung benennt *Seibel* die Mechanismen ‚Altruismus', ‚Lebenswelt' und ‚Closed Minds'. Altruismus kennzeichnet das Helfen um des Helfens willen, wobei die Selbstlosigkeit dadurch relativiert wird, dass Wertschätzung für das Helfen angestrebt wird, es sich damit im Sinne von Eigennutz auch um kalkuliertes Verhalten handelt.   Die Lebenswelt besteht für *Seibel* aus der Ansammlung von alltäglichen Selbstverständlichkeiten, wobei die Lebenswelt als Phänomen der gesellschaftlichen Entmodernisierung und sozialen Entdifferenzierung bezeichnet wird. Closed Minds schließlich sind die Erklärung für geistige Abschließung und Reflexionsbeschränkung gegenüber Außenreizen, sie ermöglichen das Umdeuten von bedrückenden Wirklichkeiten durch das Medium Lebenslügen.

Alle aufgeführten Wirkungsweisen der Relativierung von Zweck- und Normrationalität führen zu einer funktionalen Entdifferenzierung und Personalisierung, die eine partielle Modernisierung stabilisieren. Sie beschränken die Lernfähigkeit der Organisationen und sorgen dafür, dass Organisationen des Dritten Sektors unsensibel und irresponsiv gegen äußere Einflüsse werden.

Bei allen Fallbeispielen finden sich Formen der Entmodernisierung, wobei das Selbststeuerungsversagen bei den Frauenhäusern und der AWO durch Personalisierung, also Koordinationsmechanismen der intra- und interpersonellen Koordination ausgelöst wird; das Selbststeuerungsversagen bei HStG und Krankenhaus-Finanzierungsreform durch Entdifferenzierung und damit Mechanismen der intra- und interorganisatorischen Koordination.

Am Beispiel der HStG wirkt das ‚loose coupling', da ein komplexen System von öffentlichen und privaten Akteuren dazu beiträgt, dass formelle Strukturen wie Hierarchie durch ‚tauschförmige Machtbeziehungen' überwunden werden und letztlich zu einer absoluten und irreparablen ‚x-Ineffizienz' führen, dem Verlust von 237,3 Mio. DM.

3.5 Theoretische Betrachtungen zum Dritten Sektor

Seibel fasst seine Ausführungen zum Wesen der Organisationen des Dritten Sektors dahingehend zusammen, dass ihre Existenz dadurch gesichert würde, dass sie in der Peripherie der Organisationskultur moderner Gesellschaften das Codesystem der Norm- und Zweckrationalität durch Relativierungen ersetzen würden. Entdifferenzierung und Personalisierung sind für ihn „wesentliche Elemente dieser peripheren

Entmodernisierung"[13], die dazu beiträgt, das bestehende Codesystem von Risiken zu entlasten; z.B. wo Lernen individuell belastend oder wegen Schutz der bestehenden Ordnung unerwünscht ist.

3.5.1 Betrachtungen aus der Makro-Perspektive

Laut *Seibel* ist die Aktivierung von Organisationen des Dritten Sektors am Größten, wenn es zu einem Markt- oder Staatsversagen kommt. Legitimationskrisen im öffentlichen Sektor entstehen für ihn, wenn die Leistungsfähigkeit des Staates schneller gefordert wird, als die Erwartungshaltung reduziert werden kann, es also zu einem Nachfrageüberschuss kommt. Diesen Legitimationsdruck, auch an den Markt, benennt der Autor als wesentliche Entstehungs- und Überlebensgrundlage des Dritten Sektors. Dabei soll dieser nicht unbedingt Güter verteilen, die Markt und Staat nicht zu verteilen in der Lage sind, die wichtigere Funktion liegt in der sozialen und politischen Integration. Daher betont er, dass die Defizite sowohl des Staates als auch des Marktes gerade durch ‚Nicht-Leistung' kompensiert würden – mithin also das funktionale Selbststeuerungsversagen des Dritten Sektors „die komplementäre Ergänzung von Marktversagen und Staatsversagen"[14] ist.

3.5.2 Betrachtungen aus der Mikro-Perspektive

Seinen Überlegungen zur Mikro-Perspektive stellt *Seibel* das makro-perspektivische Phänomen voran, dass laut *Cyert* und *March* das Organisationsversagen den Dritten Sektor vor Problemüberlastung schützen würde. Daher sollen Mechanismen beschrieben werden, die Außenreize umdeuten und so zusätzliche Herausforderungen negieren. Diese Umdeutungen lassen sich als Korrektur von Präferenzverwirrungen erklären, die entstehen, wenn bestimmte Präferenzen nicht zu erfüllen sind. So kann man z.B. Präferenzen verstecken, in dem man mit gespaltenen Präferenzen lebt und die eigentliche Präferenz erst bei einer Gelegenheitssituation offenbart; auch kann man die Realität von falsch auf richtig umdeuten, in dem man etwa nur symbolische Bedürfnisbefriedigung über Illusion herstellt oder durch adaptive Präferenzbildung einen Frustrationsabbau durch Umdeutung vornimmt.

Diese Mechanismen lassen sich nach *Seibel* als Lebenslügen und Ideologien zusammenfassen, die im Dritten Sektor zur Stressvermeidung dienen. So werden beispielsweise Klientenwünsche mehrheitlich als lästig wahrgenommen und sind auch

---

[13] *ebd., S. 273*
[14] *ebd., S. 277*

nicht weiter von Belang, da bei diesen Organisationen Ressourcenzufuhr und Auftritt voneinander getrennt sind. Es gibt also eine relative Bestandsgarantie, die natürliche Anreize für Effizienz senkt.

Seibel geht sogar so weit zu unterstellen, dass Kundenwünsche abgelehnt würden, da für die Vereinsvorstände und ehrenamtlichen Mitarbeiter der Nutzen ihrer Tätigkeit aus der Tätigkeit im Verein selbst entsteht und nicht vom Erfolg der Vereinsarbeit abhängig ist - sie daher an Veränderungen der bestehenden Ordnung nicht interessiert sein können. Damit findet sich in den Mitgliederinteressen begründet, dass Organisationen des Dritten Sektors dauerhaft nur überleben können, wenn sie permanent scheitern, da jegliche Form von Effizienz ihre Mitglieder verstören würde: „Erfolgreich sind sie nur, wenn und weil sie scheitern."[15]

Durch die Mitglieder werden professionelle Standards der Zweck- und Normarationalität bewusst umgedeutet und so die Nischen der Ineffizienz stabilisiert. Allerdings benötigen diese ein freundliches Klima, um dauerhaft bestehen zu können. Durch die starke politische Verflechtung, vor allem im kommunalen Bereich, ist dieses Klima allerdings fast immer gewährt, da es symptomatisch zu einer nur begrenzten Wirklichkeitsanerkennung durch die Kontrollorgane kommt. Ihren Höhepunkt findet diese in der Verdrängungshaltung von Lokalpolitikern, die über ‚tauschförmige Machtbeziehungen' an das erfolgreiche Scheitern gebunden sind. Die einzige Gefahr stellt in diesem Fall die Öffentlichkeit dar: „Die Grenzen von Dilettantismus und Ineffizienz liegen [...] nicht im Organisationsversagen selbst, sondern in seinem Publikwerden."[16]

4. Kritik zum Werk

Seibel umreißt in seinem Werk ausführlich den damals aktuellen Forschungsstand und bezieht ihn in seine Arbeit mit ein. Deutlicher betonen ließe sich noch, dass die Relativierung von rationalem Handeln und Entscheiden in Organisationen des Dritten Sektors vorm allem durch Ideologien begründet ist: „Verdeutlicht man sich die praktisch fast unerfüllbaren Voraussetzungen eines vollkommen rationalen Entscheidens, dann erstaunt es nicht mehr, daß Entscheidungen über die Gestaltung einer Organisation, über die Mittel und Wege der Zielverwirklichung selten aufgrund eines genauen Abwägens zwischen verschiedenen Alternativen getroffen werden, sondern daß man oft auf anscheinend in der Praxis bewährte Verfahrensweisen zurückgreift oder sich gar von

---

[15] *ebd., S. 288*
[16] *ebd., S. 279*

subjektiven Vorlieben, weltanschaulichen, ethischen und anderen Gesichtspunkten leiten lässt, die mit dem Organisationsziel wenig oder nichts zu tun haben."[17]

Vielleicht kann man sogar soweit gehen zu behaupten, dass für das Versagen im Dritten Sektor symptomatisch ist, dass Präferenzen oftmals so instabil sind, dass Entscheidungen erst nachträglich Sinn gegeben wird. Dabei kommt diesem Organisationstypus zu gute, dass er eben nicht, wie von *Seibel* ausführlich dargestellt von seiner ‚Performanz' abhängig ist, er also nicht von seinem Erfolg beim Kunden gesteuert wird, sondern Bestandsschutz besitzt. Organisationen des Dritten Sektors reagieren nicht unmittelbar auf die Umwelt, sie können mit dem ‚Resource-Dependence-Ansatz' gesprochen, Einfluss auf die Umwelt nehmen und diese in ihrem Sinne regulieren. Dies wird hauptsächlich durch die politische Verflechtung im lokalen Raum begünstigt.

Zusammenfassend ist zu sagen, dass *Seibel* in hohem Maße anschaulich vorgeht und seine Aussagen nachvollziehbar sind – nicht zuletzt durch die Illustrationen der theoretischen Grundlagen an den Fallbeispielen, deren Versagen er teilweise mit ironischem Kommentar wiedergibt.

Allerdings muss man anmerken, dass sein zum Kontrollfall erhobenes Beispiel für erfolgloses Scheitern, die Hamburger Stadtentwicklungsgesellschaft, in jedem Fall an den gegebenen Umständen gescheitert wäre. Teilweise sieht es so aus, als würde *Seibel* vermuten, dass ihr Scheitern auch darin liegt, dass bei der HStG als einzigem Beispiel ein Organisationslernen in Form von Missmanagement stattgefunden hat. Dem ist zu widersprechen, da die HStG auch ohne das Krisenmanagement gescheitert wäre – schon weil ihre Finanzierung ganz anders angelegt war, als bei den anderen Fällen.

---

[17] *Mayntz, 1963, S. 141*

Literaturverzeichnis

Duden, das Fremdwörterbuch (2005), Bibliographisches Institut & F.A. Brockhaus AG, Mannheim

Mayntz, Renate (1963): Soziologie der Organisation, Rowohlt Taschenbuch Verlag, Reinbek bei Hamburg

Seibel, Wolfgang (1994): Funktionaler Dilettantismus: Erfolgreich scheiternde Organisationen im „Dritten Sektor" zwischen Markt und Staat, 2.Auflage, Nomos Verlagsgesellschaft, Baden-Baden